Lingo4you

Sprachführer Französisch

Heike Pahlow, Audrey Fritsch

Nützliche Vokabeln und Redewendungen für den Urlaub

Weitere Bücher und Angebote zum Sprachenlernen
finden Sie auf unserer Webseite

www.lingo4u.de

LINGO4YOU

© Lingo4you, Machern bei Leipzig

1. Auflage 2010

ISBN: 978-3-8391-7175-2

Autoren: Heike Pahlow, Audrey Fritsch
Gestaltung: Mario Müller
Lektorat: Iciar Andraca Riffard

Herstellung und Verlag: Books on Demand GmbH, Norderstedt
Titelfoto: Claude Coquilleau – Fotolia.com
Illustrationen: Stefanie Czapla

Bibliografische Information der Deutschen Nationalbibliothek

Die Deutsche Nationalbibliothek verzeichnet diese Publikation in der Deutschen Nationalbibliografie; detaillierte bibliografische Daten sind im Internet über dnb.d-nb.de abrufbar.

Printed in Germany

Inhalt

Wichtige Sätze

Begrüßung

Hallo!	Salut!
Guten Morgen.	Bonjour.
Guten Tag.	Bonjour.
Guten Abend	Bonsoir.

Verabschiedung

Tschüs!	Salut.
Bis dann.	À plus tard.
Auf Wiedersehen.	Au revoir.
Ich muss los.	Je dois partir.
Ich hab's eilig.	Je suis pressé(e).
Bis morgen.	À demain.
Bis später./Bis dann.	À tout à l'heure./À plus tard.
Bis bald.	À bientôt.
Bis heute Nachmittag.	À cet après-midi.
Bis heute Abend.	À ce soir.
Gute Nacht.	Bonne nuit.

Verständigungsschwierigkeiten

Ich verstehe nicht.	Je ne comprends pas.
Ich habe das nicht verstanden.	Je n'ai pas compris.
Könnten Sie ... sprechen? langsamer lauter deutlicher	Pouvez-vous parler ..., s'il vous plaît? plus lentement plus fort plus clairement
Könnten Sie das bitte ...? wiederholen buchstabieren aufschreiben	Pouvez-vous ..., s'il vous plaît? répéter épeler écrire
Was haben Sie gesagt?	Qu'avez-vous dit?
Wie bitte?	Pardon?
Mein Französisch ist nicht so gut.	Mon français n'est pas bon.
Sprechen Sie Deutsch?	Parlez-vous allemand?
Wie heißt ... auf Französisch?	Comment dit-on ... en français?

Höflichkeitsfloskeln

Ja./Nein.	Oui./Non.
Ja, bitte.	Oui, s'il vous plaît/s'il te plaît.
Nein, danke.	Non, merci.
Vielleicht.	Peut-être.
Ich weiß nicht.	Je ne sais pas.
Danke.	Merci.
Bitte. *(gern geschehen)*	De rien.
Bitte. *(man bittet um etwas)*	S'il vous plaît.
Bitte. *(man übergibt etwas)*	Je vous en prie.
Entschuldigung. *(beim Ansprechen)*	Pardon./Excusez-moi.
Entschuldigung./ Es tut mir leid. *(um Verzeihung bitten)*	Pardon./Je suis désolé(e).
Entschuldigen Sie mich einen Moment.	Excusez-moi un moment.

Wünsche/Glückwünsche

Viel Glück/Erfolg!	Bonne chance!
Viel Spaß!	Amusez-vous bien! *(Sie)* Amuse-toi bien! *(du)*
Gute Reise!	Bon voyage!
Gute Besserung!	Bon rétablissement!
Viele Grüße an ...	Passez/Passe le bonjour à ...
Herzlichen Glückwunsch zum Geburtstag!	Joyeux anniversaire.
Alles Gute!	Bonne chance!
Alles Gute zum Hochzeitstag!	Tous mes voeux!
Frohe Ostern!	Joyeuses Pâques!
Frohe Weihnachten!	Joyeux Noël!
Gesundes neues Jahr!	Bonne année!

Zustimmen und Ablehnen

Muss ich das tun?	Dois-je faire cela?
Ich habe keine Lust.	Je n'ai pas envie.
Ich würde gern, aber ich kann nicht.	J'aimerais beaucoup, mais je ne peux pas.
Das ist toll/okay/langweilig.	C'est génial/O.K./ennuyeux.
Was meinst du?	Que penses-tu?
Das finde ich auch/nicht.	Je le pense aussi./Je ne pense pas.

Sich kennenlernen

Sich und andere vorstellen

Darf ich mich vorstellen?	Puis-je me présenter?
Ich heiße ...	Je m'appelle ...
Ich bin ...	Je suis ...
Wie heißt du?	Comment tu t'appelles?
Das ist ...	C'est ...
Hallo, ... (Name)	Salut, ... (nom)
Lisa, das ist Tom.	Lisa, c'est Tom.
Kennst du ... schon?	Connais-tu déjà ...?
Lass mich dir ... vorstellen.	Laisse-moi te présenter ...
Ich möchte dich jemandem vorstellen.	Je veux te présenter à quelqu'un.
Ich möchte dir jemanden vorstellen.	Je veux te présenter quelqu'un.
Schön, dich/Sie kennenzulernen.	Ravi(e) de te rencontrer.

Andere befragen

Wie heißen Sie?/ Wie heißt du?	Quel est votre nom?/ Quel est ton nom?
Wie alt sind Sie/bist du?	Quel âge avez-vous/as-tu?
Wo wohnen Sie?/ Wo wohnst du?	Où habitez-vous/habites-tu?
Woher kommen Sie?/ Woher kommst du?	D'où venez-vous/viens-tu?
Haben Sie/Hast du ...? Geschwister Kinder Enkel Haustiere	Avez-vous/As-tu ...? des frères et soeurs des enfants des petits-enfants des animaux
Bist du verheiratet?/ Sind Sie verheiratet?	Êtes-vous/Es-tu marié(e)?

Familie

Ich bin … Jahre alt.	J'ai … ans.

Ich wohne …	J'habite …
in …	à …
in der Nähe von …	près de …
in einem Vorort von …	en banlieue de …
auf dem Land.	à la campagne.

Ich habe …	J'ai …
einen Bruder	un frère
eine Schwester	une soeur
keine Geschwister	pas de frères et soeurs
einen Sohn	un fils
eine Tochter	une fille
einen Enkel(sohn)	un petit-fils
eine Enkelin	une petite-fille
eine Katze	un chat
einen Hund	un chien

Ich habe zwei …	J'ai deux
Ich habe keine …	Je n'ai pas de …
Brüder	frères
Schwestern	soeurs
Söhne	fils
Töchter	filles
Kinder	enfants
Enkelkinder	petits-enfants
Haustiere	animaux
Katzen	chats
Hunde	chiens

Er/Sie ist … Jahre alt.	Il/Elle a … ans.

Sie sind … Jahre alt.	Ils ont … ans.

Ich bin Einzelkind.	Je suis enfant unique.

Ich bin …	Je suis …
ledig	célibataire
verliebt (in …)	amoureux/amoureuse (de)
verlobt	fiancé(e)
verheiratet (mit …)	marié(e) (à …)
geschieden	divorcé(e)
verwitwet	veuf/veuve

Staatsangehörigkeit

Ich bin ...	Je suis ...
Du bist ...	Tu es ...
Er/Sie ist ...	Il/ Elle est ...
Deutscher/Deutsche	Allemand(e)
Österreicher(in)	Autrichien/Autrichienne
Schweizer(in)	Suisse/Suissesse
Franzose/Französin	Français(e)
Kanadier(in)	Canadien/Canadienne
Luxemburger(in)	Luxembourgeois(e)
US-Amerikaner(in)	Américain(e)
Belgier(in)	Belge
Afrikaner(in)	Africain(e)

Ich wohne in ...	J'habite ...
Er/Sie wohnt in ...	Il/Elle habite ...
Wir wohnen in ...	Nous habitons ...
Deutschland	en Allemagne
Österreich	en Autriche
der Schweiz	en Suisse
Frankreich	en France
Belgien	en Belgique
Kanada	au Canada
Luxemburg	au Luxembourg
Monaco	à Monaco
den USA	aux Etats-Unis
Französisch-Guyana	en Guyane française
Haiti	en Haïti
der Elfenbeinküste	en Côte d'Ivoire
Afrika	en Afrique
Amerika	en Amérique
... *(Ortsname)*	... *(nom du lieu)*

Ich komme aus ...	Je viens ...
Er/Sie kommt aus ...	Il/Elle vient ...
Wir kommen aus ...	Nous venons ...
Deutschland/Österreich	d'Allemagne/d'Autriche
der Schweiz	de Suisse
Luxemburg	du Luxembourg
den USA	des Etats-Unis

Charakter

Wie bist du vom Charakter?	Quel est ton caractère?
Wie ist er/sie so?	Quel est son caractère?
Ich bin ...	Je suis ...
Du bist ...	Tu es ...
Er/Sie ist ...	Il/Elle est ...
schüchtern, zurückhaltend	timide
ruhig	calme
lebhaft	vivant(e)
aktiv	actif/active
locker, zugänglich	décontracté(e), abordable
unkompliziert	simple
offen, kontaktfreudig	ouvert(e)
nett	gentil(le)
freundlich	sympathique
lustig	drôle
fröhlich	heureux(-se)/content(e)
selbstbewusst	sûr(e) de soi
eingebildet	prétentieux(-se)
arrogant	arrogant(e)
unhöflich	impoli(e)
nervig	énervant(e)
zickig	(une) peste
launisch	lunatique
stur	têtu(e)
mürrisch	râleur(-se)
traurig	triste
aggressiv	agressif/agressive
eine Nervensäge	un(e) casse-pieds
eine kleine Quasselstrippe	un moulin à paroles

Aussehen

Wie siehst du aus?	De quoi as-tu l'air?
Wie sehen Sie aus?	De quoi avez-vous l'air?
Wie sieht er aus?	De quoi a-t-il l'air?
Wie sieht sie aus?	De quoi a-t-elle l'air?

Ich bin ...	Je suis ...
Du bist ...	Tu es ...
Er/Sie ist ...	Il/Elle est ...
groß	grand(e)
klein	petit(e)
dick	gros(se)
dünn, schlank	maigre
jung	jeune
alt	vieux/vieille
hübsch	beau/belle
	joli/jolie
	mignon/mignonne

Ich habe ...	J'ai ...
Du hast ...	Tu as ...
Er/Sie hat ...	Il/Elle a ...
ein eckiges Gesicht	un visage carré
ein rundes Gesicht	un visage rond
ein dreieckiges Gesicht	un visage triangulaire
ein ovales Gesicht	un visage ovale

einen Bart	une barbe
einen Schnauzbart	une moustache
blonde Haare	les cheveux blonds
rote Haare	les cheveux roux
braune Haare	les cheveux bruns
schwarze Haare	les cheveux noirs
kurze Haare	les cheveux courts
lange Haare	les cheveux longs
Locken	des boucles
eine Glatze	une calvitie

blaue/grüne Augen	les yeux bleus/verts
graue/braune Augen	les yeux gris/bruns ou marron
eine große Nase	un grand nez
eine kleine Nase	un petit nez
eine lange Nase	un long nez
eine Stupsnase	un nez en trompette
große Ohren	des grandes oreilles
kleine Ohren	des petites oreilles
Segelohren	les oreilles décollées

Aussehen

Ich trage ...	Je porte ...
Er/Sie trägt ...	Il/Elle porte ...
eine Brille	des lunettes
Kontaktlinsen	des lentilles de contact
Ohrringe	des boucles d'oreilles
eine Kette	un collier
eine Mütze/Kappe	un bonnet
einen Hut	un chapeau
einen Schlips	une cravate
eine Fliege	un noeud papillon
ein Tuch	un foulard
einen Anzug	un costume
ein Kleid	une robe

Gemütslage

Ich bin (heute) ...	Je suis ... (aujourd'hui)
(nicht) gut drauf	(pas) très en forme
total glücklich	très heureux/heureuse
traurig	triste
müde	fatigué(e)
Ich habe heute zu nichts Lust.	Je n'ai envie de rien aujourd'hui.
Ich habe Heimweh.	J'ai le mal du pays.
Bist du einsam?	Te sens-tu seul(e)?
Hast du Heimweh?	As-tu le mal du pays?

Freizeit und Beruf

Hobbys

Was machst du in derFreizeit?	Que fais-tu pendant ton temps libre?
Mein Hobby ist ...	Mon hobby est ...
Meine Hobbys sind ...	Mes hobbys sont ...
interessant	intéressant(s)
entspannend	relaxant(s)
aufregend	excitant(s)
abenteuerlich	riche(s) en aventures
nichts besonderes	pas particulier
Magst du ...?	Aimes-tu ...?
Interessierst du dich für ...?	Es-tu interessé(e) par ...?
Ich mag ...	J'aime (bien) ...
Ich interessiere mich für ...	Je suis interessé(e) par ...
Sport	le sport
Computer	les ordinateurs
Tiere	les animaux
Musik	la musique
Kunst	l'art
Kampfsport	les arts martiaux
Liest du gern?	Aimes-tu lire?
Meine Hobbys sind ...	Mes hobbys sont ...
Ich verbringe meine Freizeit mit ...	Je passe mon temps libre à ...
Ich verbringe die meiste Zeit mit ...	Je passe la plupart du temps à ...
Ich vertreibe mir die Zeit mit ...	Je passe mon temps à ...
Lesen	lire
Malen	peindre
Zeichnen	dessiner
Schwimmen	nager
Radfahren	faire du vélo
Reiten	faire du cheval
Fußballspielen	jouer au football
Musikhören	écouter de la musique
Fernsehen	regarder la télé
Ich ... gern.	J'aime bien ...
fotografiere	prendre/faire des photos
klettere	faire de l'escalade
tanze	danser
jogge	faire du jogging
Ich spiele ...	Je joue ...
Fußball	au football
Gitarre/Flöte	de la guitare/flûte

Beruf

Was machst du beruflich? Was machen Sie beruflich?	Quel est ton/votre métier?
Was macht er/sie beruflich?	Quel est son métier?

Ich bin ...　Je suis ...
Du bist ...　Tu es ...
Er/Sie ist ...　Il/Elle est ...
   Schüler/in *(Grundschule)*　écolier/écolière
   Schüler/in　élève
   Student/in　étudiant(e)
   Azubi　apprenti(e)
   Angestellte(r)　employé(e)
   Handwerker　ouvrier/ouvrière
   Hausfrau　femme au foyer
   Unternehmer　entrepreneur
   arbeitslos　chômeur/chômeuse
   selbständig　à son compte

Ich arbeite bei ... *(Firma)*	Je travaille pour ... *(entreprise)*

Ich arbeite in ...　Je travaille dans ...
Er/Sie arbeitet in ...　Il/Elle travaille dans ...
Ich habe einen Job in ...　J'ai un job dans ...
   einer Fabrik　une fabrique/une usine
   einem Geschäft　un commerce
   einem Supermarkt　un supermarché
   einem Kaufhaus　un grand magasin
   einem Büro　un bureau
   einer Bank　une banque
   einer Autowerkstatt　un garage

*Je suis mécanicien.
Je travaille dans un
garage.*

*Siehe auch Berufsbezeichnungen
auf der nächsten Seite.*

Berufsbezeichnungen

Bauarbeiter/in	ouvrier du bâtiment
Bäcker/in	boulanger/boulangère
Bauer/Bäuerin	fermier/fermière
Beamte(r)	fonctionnaire
Büroangestellte(r)	employé(e) de bureau
Dachdecker/in	couvreur/couvreuse
Elektriker/in	électricien/électricienne
Fleischer/in	boucher/bouchère
Fliesenleger/in	carreleur/carreleuse
Friseur/in	coiffeur/coiffeuse
Ingenieur/in	ingénieur(e)
Kellner/in	serveur/serveuse
Kindergärtnerin	éducateur/éducatrice en école maternelle
Klempner/in	plombier
Koch/Köchin	cuisiner/cuisinière
Kraftfahrer/in	chauffeur routier
Krankenschwester	infirmier/infirmière
Lkw-Fahrer/in	chauffeur de poids lourds
Maurer/in	maçon
Mechaniker/in	mécanicien/mécanicienne
Musiker/in	musicien/musicienne
Pädagoge/Lehrer/in	professeur
Polizist/in	policier/policière
Programmierer/in	programmateur/programmatrice
Schneider/in	tailleur
Sekretärin	secrétaire
Steuerberater/in	conseiller fiscal/conseillère fiscale
Tischler/in	menuisier/menuisière
Verkäufer/in	vendeur/vendeuse

Über den Ort sprechen

Fragen

Wo wohnst du?	Où habites-tu?
Wie ist es in ... (*Ort*)?	Comment est-ce à... (*lieu*)?
Ist der Ort interessant?	Ce lieu est-il intéressant?
Was kann man in ... (*Ort*) unternehmen?	Qu'est-ce qu'on peut faire à ... (*lieu*)?

Wo der Ort liegt

Ich wohne in ... (*Ort*)	J'habite à ... (*lieu*)

... (*Ort*) liegt ...	... (*lieu*) est ...
... (*Ort*) befindet sich ...	... (*lieu*) se situe ...
in den Bergen	dans les montagnes
am Meer	au bord de la mer
in einem Nationalpark	dans un parc national
an einem Fluss	au bord d'une rivière
am Fluss ...	au bord de la rivière ...
auf einer Insel	sur une île
in einem Industriegebiet	dans une zone industrielle

... (*Ort*) ist ...	... (*lieu*) est ...
eine schöne Stadt	une belle ville
eine hässliche Stadt	une ville laide
eine Großstadt	une grande ville
in der Nähe von ...	près de ...
ein kleines Dorf (in ...)	un petit village (dans ...)
sehr alt	très vieux
sehr interessant	très intéressant
ziemlich langweilig	assez/plutôt ennuyant

Was man unternehmen kann

... *(Ort)* ist sehr sehenswert.	... (lieu) vaut la peine d'être vu(e).

In ... *(Ort)* kann man ...	A ... *(lieu)* tu peux ...
eine Stadtrundfahrt machen	faire un tour de la ville
Museen besichtigen	visiter des musées
shoppen gehen	faire du shopping
sich erholen	te reposer/te relaxer
wandern gehen	faire des marches
Rad fahren	faire du vélo

Was es im Ort gibt

... *(Ort)* hat ...	... *(lieu)* a ...
Es gibt ...	Il y a ...
In der Nähe gibt es ...	Dans les environs il y a...
einen historischen Stadtkern	un centre ville historique
interessante Sehenswürdigkeiten	des curiosités intéressantes
einen Zoo	un zoo
ein Schwimmbad	une piscine
ein Freibad	une piscine découverte
ein Schloss, eine Burg	un château
eine Burgruine	les ruines d'un château
einen Palast, ein Schloss	un palais
eine schöne Umgebung	de beaux alentours
viele schöne Cafés und Restaurants	plein de beaux cafés et de restaurants
ein Denkmal	un mémorial
einen Vergnügungspark	un parc d'attractions
viele nette Leute wie mich	plein de gens sympa comme moi

Wofür der Ort berühmt ist

... (Ort) ist berühmt für ...	... (lieu) est célèbre pour ...
seine Sehenswürdigkeiten	ses curiosités
seine Geschichte	son histoire
seine Festivals	ses festivals
seine Musikszene	sa scène musicale

... (Ort) ist berühmt als ...	... est cèlèbre pour être ...
Geburtsort von ...	le lieu de naissance de...
Austragungsort von ...	le lieu d'exécution de ...

... fand dort/hier statt.	... a eu lieu là-bas/ici.

Berühmte Personen des Ortes

... (Person) wurde hier im Jahre ... geboren.	... (personne) est né(e) ici en (année) ...

... (Person) lebte hier von ... bis ...	... (personne) a vécu ici de ... à ...

... (Person) starb hier.	... (personne) est mort(e) ici.

... (Person) ist/war ...	... (personne) est/était ...
ein Künstler	un/une artiste
ein berühmter Maler	un peintre célèbre
ein Komponist	un compositeur
ein(e) Schriftsteller(in)	un écrivain
ein Architekt	un architecte
ein König	un roi
eine Königin	une reine
ein Politiker	un homme politique
eine Politikerin	une femme politique
ein(e) Schauspieler/in	un acteur/une actrice
ein Sportler	un sportif
eine Sportlerin	une sportive
eine berühmte Persönlichkeit	un personnage célèbre

Touristinformation

In der Touristinformation

Ich möchte gern ...	Je voudrais ..., s'il vous plaît.
einen Stadtplan	une carte de la ville
eine Stadtrundfahrt buchen	réserver une place pour un tour de la ville
Können Sie ein Zimmer für mich buchen?*	Pouvez-vous réserver une chambre pour moi, s'il vous plaît?
Ich brauche ein Zimmer für zwei Personen.*	J'ai besoin d'une chambre pour deux personnes.
Können Sie mir ... empfehlen?	Pouvez-vous me recommander ...?
ein gutes Restaurant	un bon restaurant
ein preiswertes Hotel	un hôtel bon marché
einige Sehenswürdigkeiten	quelques curiosités
Kann ich hier Karten für ... kaufen?	Puis-je acheter ici des tickets pour ...?
das Theater	le théâtre
den Bus	le bus
die Straßenbahn	le tram
die U-Bahn	le métro
die Fähre	le ferry
die Stadtrundfahrt	la visite (guidée) de la ville
die Tour nach ...	la visite de ...
Wie viel kostet ein Ticket?	Combien coûte un ticket?
Gibt es eine Ermäßigung für ...?	Y a-t-il une réduction pour ... ?
Kinder	enfants
Schüler	écoliers
Studenten	étudiants
Rentner	retraités
Wo geht die Tour los?	Où commence la visite?
Wann geht die Tour los?	Quand commence la visite?
Wie lange dauert die Tour?	Combien de temps dure la visite?

* siehe Rubrik *Hotel*

Stadtbesichtigung

Sehenswürdigkeiten

Dieses Haus/Gebäude ...	La maison/Le bâtiment ...
Die Kirche/Kathedrale ...	L'église/La cathédrale ...
Das Schloss ...	Le château ...
ist sehr alt	est très vieux/vieille
ist sehr modern	est très moderne
wurde ... *(Jahr)* gebaut	a été construit(e) en ...
wurde von ... gebaut	a été contruit(e) par ...
ist ein Museum	est un musée
Im Museum kann man ... sehen.	Dans le musée on peut voir ...
Gemälde/Fossilien	des tableaux/des fossiles
Waffen und Rüstungen	des armes et des armures
Möbel des ... Jahrhunderts	des meubles du ...*ème* siècle
Im Museum kann man sehen, ...	Dans le musée on peut voir ...
wie arme Leute lebten	comment les gens pauvres vivaient
wie man im Mittelalter lebte	comment on vivait au Moyen-Age
wie Reiche im 17. Jahrhundert lebten	comment les gens riches vivaient au 17*ème* siècle
In der Kirche/Im Schloss gibt es ...	Dans l'église/Dans le château il y a ...
ein Gemälde von ...	un tableau de ...
einen sehr alten Altar	un très vieil autel
ein berühmtes Altarbild	un tableau d'autel célèbre
einen Geist	un fantôme

Im Museum

Wie viel kostet der Eintritt?	Combien coûte l'entrée?
Zwei Erwachsene und ein Kind.	Deux adultes et un enfant, s'il vous plaît.
Gibt es Ermäßigung für Studenten?	Y a-t-il une réduction pour étudiants?
Darf man fotografieren?	Peut-on prendre des photos?
Das Museum ist montags zu.	Le musée est fermé le lundi.
Das Museum ist von 10 bis 18 Uhr geöffnet.	Le musée est ouvert de 10 heures à 18 heures.

nützliche Vokabeln

offen/geschlossen	ouvert/ fermé
Eintrittspreis	prix d'entrée/prix de l'entrée
ermäßigter Eintritt	prix d'entrée réduit/réductions
Kind/Kinder	enfant/enfants
Erwachsener	adulte
Rentner, Pensionär	retraité/sénior

Wegbeschreibung

Nach dem Weg fragen

Entschuldigung. Entschuldigen Sie bitte.	Excusez-moi.
Ich habe mich verlaufen.	Je me suis perdu.
Wie kommt man am besten zu ...?	Comment aller à ... s'il vous plaît?
Wissen Sie, wie man zu ... kommt?	Savez-vous comment aller à ... s'il vous plaît?
Können Sie mir sagen, wo ... ist?	Pouvez-vous m'indiquer où se trouve ... s'il vous plaît?
Bahnhof	la gare
Busbahnhof	la gare routière
Kino	le cinéma
Post	la poste
Bank	la banque
Touristinformation	le syndicat d'initiative
Hafen	le port
Museum	le musée

Wo ist die (nächste) ...?
   Bushaltestelle
   Straßenbahnhaltestelle
	Où se trouve ... (le plus proche)?
	   l'arrêt de bus
	   l'arrêt de tram

Wo ist die (nächste) Telefonzelle?	Où se trouve la cabine téléphonique (la plus proche)?

Siehe auch Rubrik Unterwegs.

Den Weg beschreiben

Das weiß ich leider nicht.	Je ne sais pas, désolé(e).
Ich kenne mich hier auch nicht aus.	Je ne connais pas les environs.
Gehen Sie geradeaus.	Allez tout droit.

Gehen Sie geradeaus bis ...
   zur Ampel
   zur Kreuzung
   zum Wegweiser
	Allez tout droit jusqu' au...
	   feu (un)
	   carrefour (un)
	   panneau (indicateur) (un)

Gehen Sie ... *(Straße)* entlang.	Longez ... *(rue)*.
Kehren Sie um.	Faites demi-tour.
Überquere(n Sie) die ... *(Straße)*.	Traversez ... *(rue)*.

Biegen Sie ...
   links ab
   rechts ab
   links ab in die ... *(Straße)*
	Tournez ...
	   à gauche
	   à droite
	   à gauche dans ... *(rue)*

Den Weg beschreiben

Biegen Sie die ...
  erste Straße links ab
  zweite Straße rechts ab
	Tournez dans ...
	  la première rue à gauche
	  la deuxième rue à droite

Überqueren Sie ...
  die Straße
  die Brücke
  den Fluss
	Traversez ...
	  la rue
	  le pont
	  la rivière

Wie man dorthin kommt

Nehmen Sie am besten ...
  den Bus
  die Straßenbahn
  die U-Bahn
  die S-Bahn
	Le mieux est de prendre ...
	  le bus
	  le tram
	  le métro
	  le RER/le train de banlieue

Es sind nur 10 Min. mit ...
  dem Bus
  dem Auto
	Vous y êtes en 10 Min ...
	  avec le bus
	  avec la voiture

Es ist nur ein kurzer Fußmarsch.	A pied c'est très rapide.
Sie können es nicht verfehlen.	C'est impossible à manquer./Vous ne pouvez pas le manquer.

Wo sich etwas befindet

Das Kino ist ...
  auf der linken Seite
  auf der rechten Seite
  am Ende der Straße
  an der Ecke
  (gleich) um die Ecke
	Le cinéma est ...
	  sur la gauche.
	  sur la droite.
	  au bout de la rue.
	  au coin de la rue.
	  (juste) au coin de la rue

Das Museum ist ...
  gegenüber von ...
  in der Nähe von ...
  neben ...
  hinter ...
  vor ...
	Le musée est ...
	  en face de ...
	  près de ...
	  à côté de ...
	  derrière ...
	  devant ...

... der Post ... dem Restaurant	... la poste ... le restaurant
Das Geschäft ist zwischen der Bank und dem Museum.	Le magasin est entre la banque et le musée.

Bank und Geldautomat

Bank

Gibt es hier in der Nähe ...?	Y a-t-il à proximité ... ?
eine Bank	une banque
eine Wechselstube	un bureau de change

Wo ist der (nächste) Geldautomat?	Où est le prochain distributeur (automatique)?

Ich möchte ... wechseln.	J'aimerais changer ...
100 Euro	100 euros
200 Schweizer Franken	200 francs suisses

Ich möchte ... einlösen.	J'aimerais encaisser ...
einen Scheck	un chèque
diese Traveller-Schecks	un traveller chèque

Ich habe meine Geheimnummer vergessen.	J'ai oublié mon code secret.

Ich habe meine ... verloren.	J'ai oublié ma ...
Kreditkarte	carte (de crédit)
EC-Karte	carte (de crédit)

Der Geldautomat gibt meine EC-Karte nicht mehr heraus.	Le distributeur ne veut plus me rendre ma carte.

Darf ich bitte ... sehen?	Puis-je voir ..., s'il vous plaît?
Ihren Ausweis	votre carte d'identité
Ihren Pass	votre passeport
Ihre EC-Karte	votre carte

Unterschreiben Sie hier.	Signez ici, s'il vous plaît.

Post und Internetcafé

Post

Eine Briefmarke für ..., bitte.	Un timbre pour ..., s'il vous plaît.
... Briefmarken für ..., bitte.	... des timbres pour ..., s'il vous plaît.
Was kostet eine Briefmarke für ...?	Combien coûte un timbre pour ..., s'il vous plaît?
einen Brief	une lettre
eine Postkarte	une carte postale
... nach Deutschland	... pour l'Allemagne
... nach Österreich	... pour l'Autriche
... in die Schweiz	... pour la Suisse
... nach Europa	... pour l'Europe
... innerhalb von Europa	... en Europe

Eine Telefonkarte im Wert von ..., bitte.	Une carte téléphonique de ..., s'il vous plaît.

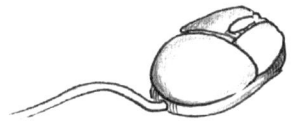

Internetcafé

Ich brauche einen Computer mit/ohne Internetzugang.	J'ai besoin d'un ordinateur avec/sans accès à internet.
Kann ich an diesem Computer Dateien ... kopieren?	Je peux copier des données de cet ordinateur ... ?
auf meinen USB-Stick	sur ma clé USB
von meiner Speicherkarte	depuis ma carte mémoire
Darf ich Dateien von meinem USB-Stick auf den Rechner kopieren?	Puis-je copier des données de ma clé USB sur cet ordinateur?
Der Computer funktioniert nicht richtig.	Cet ordinateur ne fonctionne pas correctement.
Er stürzt ständig ab.	Il se bloque constamment.
Könnten Sie mir bitte zeigen, wie es funktioniert?	Pouvez-vous me montrer comment ça fonctionne?

Fundbüro

Im Fundbüro

Wo ist das Fundbüro?	Où est le bureau des objets trouvés?

Ich habe ... verloren.	J'ai perdu ...
mein Portemonnaie	mon porte-monnaie
meine Brieftasche	mon portefeuille
meine Kamera	mon appareil photo
mein Handy	mon téléphone portable

Ich habe meine Kamera versehentlich ... liegen lassen.	J'ai laissé par mégarde mon appareil photo ...
im Bus	dans le bus
im Zug	dans le train
auf dem Bahnhof	à la gare
im Park	dans le parc

Er/Sie/Es ist ...	Il/Elle est ...
groß	grand
klein	petit
rund	rond
eckig	carré
etwa so groß	à peu près de cette taille
weiß	blanc
schwarz	noir
blau	bleu
rot	rouge
grün	vert
gelb	jaune
lila	lilas
grau	gris
orange	orange
braun	brun/marron
rosa, pink	rose

Wenn er/sie/es gefunden wird, könnten Sie ...?	Si vous le trouvez, pourriez-vous, s'il vous plaît ...?
diese Nummer anrufen	appeler ce numéro
mich unter dieser Adresse kontaktieren	me contacter à cette adresse

Flughafen

Wo ist der Abfertigungsschalter für ...?
   Flug Nummer ...
   den Flug nach ...
	Où est le guichet d'enregistrement pour ...?
	   le vol numéro ...
	   le vol en direction de ...

Wie viele Gepäckstücke geben Sie auf?	Combien de bagages enregistrez-vous?
Muss ich dieses Gepäckstück aufgeben?	Faut-il que j'enregistre ce bagage?
Das müssen Sie aufgeben.	Vous ne pouvez pas emmener ceci.
Möchten Sie am Fenster oder Gang sitzen?	Voulez-vous être assis côté fenêtre ou côté couloir?
Am Fenster. Am Gang.	Côté fenêtre. Côté couloir.
Pro Kilo Übergepäck wird eine Gebühr von ... erhoben.	Vous devez payer une taxe de ... pour chaque kilo d'excédent de bagage.
Steigen Sie am Flugsteig ... ein.	Voulez-vous vous rendre à la porte d'embarquement ...
Seien Sie bitte 30 Minuten vor Abflug am Flugsteig.	Rendez-vous à la porte d'embarquement 30 minutes avant le décollage.
Gehen Sie sofort zum Flugsteig Nummer ...	Rendez-vous à la porte d'embarquement ...

Der Flug ...
   hat Verspätung
   wurde annulliert
	Le vol...
	   a du retard
	   a été annulé

Wo ist Flugsteig Nummer ...?	Où est la porte d'embarquement ...?
Halten Sie Ihre Bordkarte bereit.	Préparez votre carte d'embarquement.
Ich habe meinen Flug verpasst.	J'ai manqué mon vol.
Wo ist das Gepäck für den Flug aus ...?	Où sont les bagages du vol en provenance de ...?

Bahnhof

Wie viel kostet ...?	Combien coûte ...?

Eine ..., bitte.
  einfache Fahrt nach ...
  Hin- und Rückfahrt nach ...
	Un ..., s'il vous plaît.
	  billet aller pour ...
	  billet aller-retour pour ...

Vier Fahrkarten nach ... mit Rückfahrt, bitte.	Quatre billets aller-retour pour ..., s'il vous plaît.

Wann fährt der nächste ...?
  Zug nach ...
  Bus nach ...
	Quand part le prochain ...?
	  train pour ...
	  bus pour ...

Muss ich umsteigen?	Dois-je changer de train?
Wo muss ich umsteigen?	Où dois-je changer de train?
Ist das der Zug/Bus nach ...?	Est-ce le train/le bus pour...?
Der Zug hat Verspätung.	Le train a du retard.
Ich möchte eine Platzkarte für diesen Zug.	J'aimerais réserver une place pour ce train.

Fähre

Wann geht die nächste Fähre nach ...?	Quand part le prochain ferry pour ...?

Ein Fährticket für zwei Personen und ...
  ein Auto
  ein Wohnmobil
  ein Auto mit Anhänger
  ein Motorrad
  zwei Fahrräder
	Un ticket pour deux personnes et ...,
	s'il vous plaît.
	  une voiture
	  un camping-car
	  une voiture avec remorque
	  une moto
	  deux vélos

Ein Fußgängerticket, bitte.	Un ticket pour un passager, s'il vous plaît.
Ich brauche keine Kabine.	Je n'ai pas besoin de cabine.
Ich möchte eine Kabine für 4 Personen buchen.	J'aimerais réserver une cabine pour 4 personnes.
Wie lange dauert die Überfahrt?	Combien de temps dure la traversée?
Dürfen wir im Auto bleiben?	Peut-on rester dans la voiture?
Wo ist die Kabine Nr. ...?	Où est la cabine numéro ...?

Passkontrolle und Zoll

Halten Sie bitte Ihre Ausweispapiere bereit.	Préparez vos papiers d'identité s'il vous plaît.

Füllen Sie bitte ... aus.
   das Einreiseformular
   die Zollerklärung
	Remplissez ...
	   le formulaire d'immigration
	   la déclaration de douane

Von wo reisen Sie ein?	D'où venez-vous?
Was ist der Grund Ihrer Einreise?	Quel est le but de votre entrée dans le territoire?
Haben Sie etwas zu verzollen?	Avez-vous quelque chose à déclarer à la douane?
Das ist zollpflichtig.	Ceci est soumis aux droits de douane.

nützliche Vokabeln

Abfahrt	le départ
Abflug	le décollage
Ankunft	l'arrivée (une)
Ausgang	la sortie
Ausweis	la carte d'identité
Bahnsteig	le quai
Bordkarte	la carte d'embarquement
Fahrkarte	le ticket
Flughafenbus	la navette d'aéroport
Flugsteig/ Gate	la porte d'embarquement
Gepäckausgabe	la remise des bagages
Pass, Reisepass	le passeport
Passkontrolle	le contrôle d'identité
Platzkarte	la réservation
Zoll	la douane

Unterwegs mit Taxi und Auto

Auto

Ihren Führerschein, bitte.	Votre permis de conduire.

Wo ist die/der nächste ...?
  Werkstatt
  Tankstelle
  Parkplatz
	Où est ...?
	le garage le plus proche
	la station-service la plus proche
	le parking le plus proche

Bitte volltanken.	Faites le plein, s'il vous plaît.

... Liter ..., bitte.
  Benzin
  bleifrei
  Diesel
	... litres de ..., s'il vous plaît.
	essence
	sans plomb 95/98
	gazole

Ich habe eine Panne.	Je suis tombé en panne.
Ich habe einen Platten.	J'ai eu une crevaison.
... funktioniert nicht (mehr). ... funktionieren nicht.	... ne fonctionne plus. ... ne fonctionne pas.
... ist/sind kaputt.	... est/sont cassé(s).

Ich verliere ...
  Öl
  Wasser
  Treibstoff
	Je perds ...
	de l'huile
	de l'eau
	du carburant

Ich hatte einen Unfall.	J'ai eu un accident.

Könnten Sie bitte ... rufen?
  einen Abschleppwagen
  die Polizei
	Pouvez-vous appeler ...?
	une dépanneuse
	la police

Autoteile und Zubehör

Auto	la voiture
Dach	le toit
Kofferraum	le coffre
Tank	le réservoir
Licht	la lumière
Blinklicht	le clignotant
Rad	la roue
Ersatzrad	la roue de secours
Reifen	le pneu
Rückspiegel	le rétroviseur
Tür	la porte
Türgriff	la poignée de porte
Fensterheber	le lève-vitre
Scheibenwischer	l'essuie-glace
Kupplung	l'embrayage
Bremse	le frein
Handbremse	le frein à main
Gaspedal	l'accélérateur
Schaltknüppel	le levier de vitesse
Gang	la vitesse
Handschuhfach	la boîte à gants
Starterkabel	le starter
Wagenheber	le cric
Warndreieck	le triangle de signalisation

Taxi

Ich hätte gern ein Taxi.	J'aimerais un taxi.
Ich brauche ein Taxi ... für sechs Personen für um sieben zum Flughafen	J'ai besoin d'un taxi ... pour six personnes pour sept heures pour l'aéroport
Zu welcher Adresse?	À quelle adresse?
Das Taxi ist auf dem Weg.	Le taxi est en route.
Das Taxi ist gleich da.	Le taxi arrive tout de suite.
Es könnte 20 Minuten dauern.	Cela peut prendre 20 minutes.
Es sind momentan leider keine Taxis verfügbar.	Aucun taxi n'est disponible pour l'instant.
Auf welchen Namen?	C'est à quel nom?
Wohin möchten Sie?	Où voulez-vous aller?
Ich möchte gern ... in die ...-Straße zum Bahnhof zu dieser Adresse	J'aimerais aller ... rue ... à la gare à cette adresse
Bitte anschnallen.	Mettez/Attachez votre ceinture.

nützliche Vokabeln

Straße	la rue (*in Ortschaften*) la route (*außerhalb von Orten*)
Autobahn	l'autoroute (une)
Fahrspur	la voie
Ampel	le feu
Kreisverkehr	le rond-point
Vorfahrt beachten	respecter la priorité
Keine Einfahrt	Entrée interdite
Einbahnstraße	Rue à sens unique
Parkverbot	Stationnement interdit
Halteverbot	Arrêt interdit
Überholverbot	Interdiction de doubler
Umleitung	la déviation
Straßenarbeiten	Travaux
Vorsicht, Unfall!	Attention accident!
Einfahrt freihalten!	Stationnement interdit
Parkscheinautomat	le parcmètre
Parkschein	le ticket de stationnement

Auto mieten

Mietauto und Mietdauer

Ich möchte gern ein Auto mieten.	J'aimerais louer une voiture.
Kann ich bei Ihnen ein Auto mieten?	Puis-je louer une voiture ici?
Haben Sie reserviert?	Avez-vous réservé?
Welche Fahrzeugklasse wünschen Sie?	Quelle gamme de voiture voulez-vous?
Möchten Sie einen/ein ...?	Voulez-vous un/une ...?
Ich hätte gern einen/ein ...	J'aimerais bien un/une ...
Ich möchte einen/ein ...	J'aimerais un/une ...
Wie viele Personen passen in einen/ein ...?	C'est pour combien de personnes ...?
Wie viel kostet ein ...?	Combien coûte ...?
Ich nehme einen/ein ...	Je vais prendre ...
Kleinwagen	une petite voiture
Mittelklassewagen	voiture milieu de gamme voiture
Luxuswagen	de luxe
Geländewagen	voiture tout terrain
Lieferwagen	une camionnette
Cabrio	un cabriolet
Wohnmobil	un camping-car
Ich nehme den/das ...	Je vais prendre ...
Zurzeit ist kein Auto dieser Klasse verfügbar.	Cette voiture n'est pas disponible actuellement.
Wann brauchen Sie das Auto?	Quand avez-vous besoin de la voiture?
Für wie lange wollen Sie das Auto mieten?	Combien de temps voulez-vous louer la voiture?
Wie lange brauchen Sie das Auto?	Combien de temps avez-vous besoin de la voiture?
Wann bringen Sie das Auto zurück?	Quand rapportez-vous la voiture?
Kann ich das Auto an einem anderen Ort zurückgeben?	Puis-je rendre la voiture à une agence différente?
Ich möchte ein Auto für ... mieten.	J'aimerais louer une voiture pour ...
einen halben Tag	une demi-journée
einen Tag	une journée/un jour
drei Tage	trois jours
eine Woche	une semaine
zwei Wochen	deux semaines

Mietauto und Mietdauer

Ich brauche ein/das Auto ...	J'ai besoin d'une voiture ...
jetzt gleich	tout de suite
für morgen	pour demain
für den ... (10. August)	pour le ... (10 août)
bis zum ... (3. Juli)	jusqu'au ... (3 juillet)
von ... bis ...	du ... au ...
Möchten Sie eine Versicherung abschließen?	Voulez-vous souscrire à une assurance?
Wie viel kostet eine Versicherung?	Combien coûte l'assurance?
Was für eine Versicherung brauche ich?	De quelle assurance ai-je besoin?

Mietbedingungen

Füllen Sie bitte das Formular aus.	Remplissez le formulaire, s'il vous plaît.
Aus welchem Land kommen Sie?	De quel pays êtes-vous originaire?
Wer wird das Auto fahren?	Qui sera le conducteur de la voiture?
Wie viele Fahrer?/ Wie viele Leute fahren?	Combien de conducteurs y aura-t-il?
Der Fahrer muss mindestens ... Jahre alt sein.	Le conducteur doit être âgé au moins de ... ans.
Darf ich ... sehen?	Puis-je voir ...,s'il vous plaît?
Ich brauche bitte ...	J'ai besoin de votre ...
Ihren Führerschein	permis de conduire
Ihren Pass	passeport
Ihre Kreditkarte	carte de crédit
Sie können das Auto ... abholen.	Vous pouvez venir chercher la voiture ...
draußen	dehors
unten	en bas
Der Tank ist voll.	Le plein est fait.
Geben Sie das Auto bitte mit vollem Tank wieder ab.	Rendez la voiture avec le plein, s'il vous plaît.
Bringen Sie das Auto bitte bis ... zurück.	Rendez la voiture jusqu'à ... s'il vous plaît.
Sie müssen das Auto bis ... abgegeben haben.	Le dernier délai pour rendre la voiture est ...

nützliche Vokabeln

Formular	le formulaire
Vorname	le prénom
Nachname	le nom
Unterschrift	la signature
Adresse	l'adresse (une)
Wohnort	le lieu de résidence
Staatsangehörigkeit	la nationalité
Datum	la date
Uhrzeit	l'heure (une)
Ort	le lieu
Abholung	le retrait
Rückgabe	le retour
Autovermietung	la location de voiture
Stellplatz	la place de stationnement
Allradantrieb	les quatre roues motrices
Frontantrieb	la traction avant
Heckantrieb	la traction arrière
Automatikgetriebe	la boîte de vitesse automatique
Knüppelschaltung	le levier de vitesse au plancher
Lenkrad-Wippschaltung	le levier de vitesse au volant
Benzinmotor	le moteur à essence
Dieselmotor	le moteur diesel
Insassenversicherung	l'assurance passagers (une)
Kaskoversicherung	l'assurance tous risques
Selbstbeteiligung	la franchise
Haftpflichtversicherung	l'assurance responsabilité civile
Unfallversicherung	l'assurance-accidents

Notfälle

Allgemeine Wendungen

Vorsicht!/Pass auf!	Attention!
Hilfe!	A l'aide!
Feuer!	Au feu!
Halt!	Stop!
Dieb!	Au voleur!
Rette sich, wer kann!	Sauve qui peut!
Rufen Sie ...! die Polizei einen Krankenwagen die Feuerwehr	Appelez ...! la police une ambulance les pompiers
Wählen Sie die Notrufnummer!	Appelez le numéro d'urgence!
Ich möchte die (deutsche) Botschaft anrufen.	J'aimerais appeler l'ambassade (d'Allemagne).
Holen Sie Hilfe!	Allez chercher de l'aide!

Unfall

Es ist ein Unfall passiert.	Il y a eu un accident.
Ich hatte Vorfahrt.	J'avais la priorité.
Sie haben die Vorfahrt nicht beachtet!	Vous n'avez pas respecté la priorité!
Ich habe ... nicht gesehen. das Stop-Schild den Fußgänger/Radfahrer das andere Auto	Je n'ai pas vu ... le stop le piéton/cycliste l'autre voiture
Das Auto ... ist viel zu schnell gefahren schleuderte in mein Auto liegt auf dem Dach brennt	La voiture ... roulait trop vite est rentrée dans ma voiture s'est retournée brûle
Der Fahrer hat Fahrerflucht begangen.	Le conducteur a commis un délit de fuite.
Das Kennzeichen des Autos ist ...	La plaque d'immatriculation de la voiture est ...
Das ist ein Mietwagen.	C'est une voiture louée.
Stellen Sie bitte das Warndreieck auf.	Mettez le triangle de signalisation, s'il vous plaît.

Erste Hilfe leisten

Sind Sie verletzt?	Etes-vous blessé(e)?
Mir geht es gut.	Je vais bien.
Ich bin verletzt.	Je suis blessé(e).
Ich glaube, mein Arm/Bein ist gebrochen.	Je crois que mon bras/ma jambe est cassé(e).
Ich kann mich nicht bewegen.	Je ne peux pas bouger.
Ich brauche Hilfe.	J'ai besoin d'aide.
Jemand ist (schwer) verletzt.	Quelqu'un est (gravement) blessé.
Können Sie erste Hilfe leisten?	Savez-vous effectuer les premiers secours?
Wir müssen ihn/sie wiederbeleben.	Il faut le/la réanimer!
Er/Sie ist ohnmächtig.	Il/Elle est inconscient(e).
Er/Sie ist ohnmächtig geworden.	Il/Elle s'est évanoui(e).
Er/Sie blutet stark.	Il/Elle perd son sang.
Er/Sie steht unter Schock.	Il/Elle a subi un choc.
Ich glaube, er/sie hat innere Verletzungen.	Je crois qu'il/elle a des lésions internes.
Der Verletzte hat einen hysterischen Anfall.	Le blessé a une crise d'hystérie.
Bleiben Sie ruhig!	Restez calme!
Reden Sie mit mir!	Parlez-moi!
Hilfe ist unterwegs.	Les secours arrivent.
Der Krankenwagen kommt.	L'ambulance arrive.

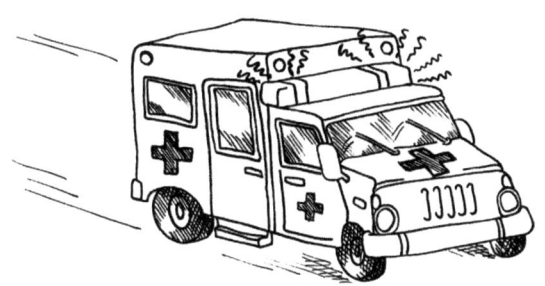

Kriminaldelikte

Ich bin ... worden. beraubt überfallen	J'ai été ... volé(e) agressé(e)
Jemand wurde ... zusammengeschlagen ausgeraubt ermordet	Quelqu'un a été ... attaqué volé assassiné
Ich möchte eine(n) ... melden. Schlägerei Messerstecherei Überfall	J'aimerais signaler une ... bagarre bagarre au couteau agression
Kommen Sie bitte sofort!	Venez tout de suite!
Das Opfer erlitt (tödliche) Stichverletzungen.	La victime est morte des suites de ses blessures.
Man hat in ... eingebrochen. meine Ferienwohnung mein Zimmer	Quelqu'un a cambriolé ... ma résidence de vacances ma chambre
Jemand hat in mein Auto eingebrochen.	Quelqu'un a volé quelque chose dans ma voiture.
Man hat ... gestohlen. mein Geld meine Brieftasche meine Handtasche meinen Reisepass meine Wertsachen mein Auto	Quelqu'un a volé ... mon argent mon portefeuille mon sac à main mon passeport mes objets de valeur ma voiture
(Mein/e) ... ist gestohlen worden.	(Mon/ma) ... a été volé(e).
(Meine) ... sind gestohlen worden.	(Mes) ... ont été volé(e)s.

Dinge ausleihen

Fortbewegungsmittel*

Ich möchte ... ausleihen.	J'aimerais louer ..., s'il vous plaît.
Kann ich hier ... ausleihen?	Puis-je louer ici ... ?
Wo kann ich ... ausleihen?	Où puis-je louer ...?
ein Fahrrad	un vélo
einen Motorroller	un scooter
ein Jet-Ski	un jet ski
ein Motorboot	un bateau à moteur
ein Segelboot	un voilier
ein Ruderboot	une barque
ein Tretboot	un pédalo
ein Kanu	un canoë

Ich brauche es/ihn/sie für ...	J'ai besoin de ... pour ...
Ich möchte es/ihn/sie für ...	Je voudrais ... pour ...
Kann ich es/ihn/sie für ... haben	Puis-je avoir ... pour ...
Wie hoch ist die Leihgebühr für ...?	De combien sont les frais de location pour ...?
Wie viel kostet es für ...?	Combien ça coûte pour ...?
eine Stunde	une heure
zwei Stunden	deux heures
einen halben Tag	une demi-journée
den ganzen Tag	une journée/un jour
zwei Tage	deux jours
eine Woche	une semaine

Ich möchte es/ihn/sie bis Freitag ausleihen.	J'aimerais louer un/une ... jusqu'à vendredi.

Ich werde es/ihn/sie ... zurückbringen.	Je vais le rendre ...
am Nachmittag	cet après-midi
am Abend	ce soir
bis 20 Uhr	à 20 heures
morgen	demain
am Montag	lundi

Muss ich eine Kaution zahlen?	Dois-je déposer une caution?

Sie müssen einen Pfand hinterlegen.	Vous devez déposer une caution.

Fortbewegungsmittel*

Das kostet ...	Ça coûte ...
Wir berechnen dafür ...	Il faut compter...
Zahlen Sie den Rest, wenn Sie zurückkommen.	Payez le reste quand vous reviendrez.
Die Kaution bekommen Sie wieder, wenn Sie zurückkommen.	On vous rendra votre caution quand vous reviendrez.
Können Sie einige Ausflugsziele empfehlen?	Pouvez-vous nous recommander des lieux à visiter?
Welche Route/Strecke können Sie empfehlen?	Vous nous recommandez quelle route?
Wie ist die Strecke?	Comment est la route?
Wie lang ist diese Strecke?	Combien de kilomètres fait la route?
Ist es eine leichte Strecke?	La route est-elle facile?

siehe auch Rubrik Auto mieten

Was man sonst noch ausleihen kann

Badelatschen	les tongs
Bademantel	le peignoir
Badehandtuch	la serviette de bain
Bügelbrett	la table à repasser
Bügeleisen	le fer à repasser
Sportgeräte	les équipements de sport
Ball	la balle
Basketball	la balle de basket
Fußball	la balle de football
Handball	la balle de handball
Tennisball	la balle de tennis
Volleyball	la balle de volleyball
Wasserball	la balle de water-polo
Liegestuhl	la chaise longue
Luftmatratze	le matelas pneumatique
Schwimmreifen	la bouée
Schwimmflügel	les flotteurs
Schwimmflossen	les palmes
Schnorchel	le tuba
Taucherbrille	les lunettes de plongée
Tauchausrüstung	la combinaison de plongée
Neoprenanzug	la combinaison en néoprène
Strandkorb	le fauteuil en osier
Inliner	les rollers
Skier	les skis
Skistiefel	les chaussures de ski
Schneeschuhe	les raquettes
Sonnenschirm	le parasol
Skianzug	la combinaison
Schlitten	la luge

Sportaktivitäten

Mitspieler

Team, Mannschaft	l'équipe (une)
Spieler	le joueur
Torwart	le gardien de but
Libero	le libéro
Stürmer	l'attaquant (un)
Verteidiger	le défenseur
Mittelfeldspieler	le milieu de terrain
Mannschaftskapitän	le capitaine
Auswechselspieler	le remplaçant
Schiedsrichter, Schiri	l'arbitre

Was man zum Spielen braucht

Spielfeld	le terrain
Tor	le but
Netz	le filet
Korb	le panier
Pfeife	le sifflet
pfeifen	siffler
Ball	la balle
Federball	le volant
Puck	le palet
Tennisschläger	la raquette de tennis
Badmintonschläger	la raquette de badminton
Tischtennisschläger	la raquette de ping-pong
Tischtennisplatte	la table de ping-pong
Baseballschläger	la batte de base-ball
Hockeyschläger	la crosse de hockey
Golfschläger	le club de golf
Queue	la queue

Sportarten

Fußball	le foot(ball)
Handball	le handball
Volleyball	le volley(ball)
Basketball	le basket
Tennis	le tennis
Tischtennis	le ping-pong
Badminton	le badminton
Schwimmen	la nage
Joggen	le jogging
Aerobic	l'aérobic
Kraftsport	l'athlétisme
Ausdauertraining	les sports d'endurance

Beim Spielen

Wir spielen um Aufschlag.	On joue pour le service.
Ich habe Aufschlag/Angabe.	Je suis au service.
Du musst die Angabe von der anderen Seite machen.	Tu dois servir de l'autre côté.
Ich habe ein Tor geschossen!	J'ai marqué un but!
Ich habe einen Korb geworfen!	J'ai marqué un panier!
Mist! Daneben!	Dommage! A côté!
Hier!, Hierher!	Ici!
Deiner!, Du!, Nimm du!	C'est à toi! Prends-le/la!
Meiner!, Ich!	Moi! À moi!
Nicht!, Lass!	Laisse!
Wer liegt vorn?	Qui gagne?
Wie steht es?	Quel est le score?
Wer hat das Tor/den Punkt gemacht?	Qui a marqué?
Es steht zwei zu eins für ...	C'est 2:1 pour ...
Es ist unentschieden.	Match nul.
Wir haben gewonnen.	On a gagné.
Sie gewinnen immer.	Ils ont gagné.

Mach schon, schieß ein Tor!	Vas-y, tire!
Tor!	But!
Los, los, los!	Allez, allez, allez!
Schieß!	Tire!
Spiel den Ball!	Joue!
Spiel den Ball ab!	Passe (la balle)!
Pass auf!	Attention!
Greif an!, Attacke!	Attaque!
Los, du kriegst den Ball!	Vas-y, prends la balle!
Gut gespielt!	Bien joué!
Gut gemacht!	Bien!
Hurra!, Juchhu!	Hourra!
Faul!	Fainéant!
Abseits!	Hors-jeu!
Aus!	Sortie!
Handspiel!/Hand!	Main!
Oh nein!	Oh non!
Mist!	Manqué!
Anfängerglück!	La chance du débutant!
Pech!, Pech gehabt!	Pas de chance!
Schade!	Dommage!
Beim nächsten Mal haben wir mehr Glück.	On aura plus de chance la prochaine fois.

Restaurant

Tisch und Speisen wählen

Ein Tisch für 4 Personen, bitte.	Une table pour 4 personnes, s'il vous plaît.
Raucher	fumeur
Nichtraucher	non fumeur
Die Speisekarte, bitte.	Le menu, s'il vous plaît.
Haben Sie schon gewählt?	Avez-vous choisi?
Ein Glas Bier.	Une bière.
Zwei Gläser Rotwein.	Deux verres de vin.
Einen Orangensaft.	Un jus d'orange.
Eine Tasse Tee.	Une tasse de thé./Un thé.
Ich nehme das Menü Nummer ...	Je vais prendre le menu numéro ...

Etwas fehlt

Könnten Sie mir bitte ein(e/en) ... bringen?	Pouvez-vous me donner ... s'il vous plaît?
Messer	un couteau
Gabel	une fourchette
Löffel	une cuillère
Teelöffel	une petite cuillère
Teller	une assiette
Schüssel	un bol
Glas	un verre
Tasse	une tasse
Flasche	une bouteille
Serviette	une serviette
Könnten ich bitte etwas ... haben?	Puis-je avoir un peu de ... s'il vous plaît?
Salz	sel
Pfeffer	poivre
Parmesan	parmesan

Nach dem Essen

Hat es Ihnen geschmeckt?	Est-ce que ça vous a plu?
Es war lecker./ Es war sehr gut.	C'était délicieux.
Es war okay.	Ça allait./Ça a été.
Möchten Sie ein Dessert?	Voulez-vous un dessert?
Ja, bitte.	Oui, merci.
Nein, danke.	Non, merci.
Könnte ich bitte noch ein ... haben?	Puis-je encore avoir ..., s'il vous plaît?
Die Rechnung bitte.	L'addition, s'il vous plaît.
Behalten Sie den Rest.	Gardez la monnaie.
Nehmen Sie Kreditkarten?	Acceptez-vous la carte (bleue)?

Speisen

Brot	le pain
Brötchen	le petit pain
Käse	le fromage
Suppe	la soupe
Kartoffeln	la pomme de terre
Pommes frites	les frites
Reis	le riz
Nudeln	les pâtes
Karotten	la carotte
Erbsen	le petit pois
Blumenkohl	le chou-fleur
Rosenkohl	le chou de Bruxelles

Speisen

Eier	l'œuf
Rühreier	les œufs brouillés
Spiegeleier	les œufs miroir
gekochte Eier	les œufs à la coque
Hühnchen	le poulet
Fisch	le poisson
Schweinefleisch	le porc
Rindfleisch	le bœuf
Hackfleisch	la viande hachée
Wild (Reh, Hirsch)	le gibier

Getränke

Mineralwasser	l'eau minérale
Wasser mit Kohlensäure	eau gazeuse
Wasser ohne Kohlensäure	eau plate
Saft	le jus
Orangensaft	le jus d'orange
Apfelsaft	le jus de pomme
Tomatensaft	le jus de tomate
Limonade	la limonade
Milch	le lait
Tee	le thé
Kaffee	le café
heiße Schokolade	le chocolat chaud
Bier	la bière
Wein	le vin
Rotwein	le vin rouge
Weißwein	le vin blanc
trocken	sec
halbtrocken	demi-sec
lieblich	doux
Sekt	le mousseux

Übernachtung

Gast

Ich möchte ein ... buchen.	J'aimerais réserver ...
Kann ich für heute Nacht ein ... haben?	Puis-je avoir ... pour la nuit?
Ich brauche ein ... für eine Nacht/Woche.	J'ai besoin d' ... pour une nuit/une semaine.
Ich brauche ... für zwei Nächte/Wochen.	J'ai besoin d' ... pour deux nuits/semaines.
einen Stellplatz für meinen Wohnwagen	une place de stationnement pour ma caravane.
ein Bett in einem Schlafsaal	un lit dans un dortoir
ein Einzelzimmer	une chambre simple
ein Doppelzimmer *(mit Doppelbett)*	une chambre double *(avec lit double)*
ein Zweibettzimmer *(mit getrennten Betten)*	une chambre double *(avec lits jumeaux)*
ein Familienzimmer *(mit Aufbettung)*	une chambre familiale *(avec un lit d'appoint)*
... mit Bad	... avec une baignoire
... mit Dusche	... avec une douche
... mit Klimaanlage	... avec la climatisation
... mit Balkon	... avec un balcon
... mit Terrasse	... avec une terrasse
Wie viel kostet das Zimmer?	Combien coûte la chambre?
Ist der Preis inklusive ...?	Le prix inclut-il ...?
Frühstück	le petit-déjeuner
Halbpension	la demi-pension
Vollpension	la pension complète
Kann ich mir das Zimmer ansehen?	Puis-je voir la chambre?
Wo ist der Speisesaal?	Où est la salle à manger?
Wann gibt es Frühstück?	Où prend-on le petit-déjeuner?

Rezeptionist

Wann wollen Sie anreisen?	Quand arrivez-vous?
Wie viele Nächte wollen Sie bleiben?	Combien de nuits restez-vous?
Wie lange wollen Sie bleiben?	Combien de temps restez-vous?
Ihr Zimmer steht ab 14 Uhr zur Verfügung.	Votre chambre sera libre à partir de 14 heures.
Ihr Zimmer wird noch gereinigt.	Votre chambre va encore être nettoyée.
Füllen Sie bitte das Formular aus.	Remplissez le formulaire, s'il vous plaît.
Sie haben Zimmer ...	Vous avez la chambre ...
Hier ist Ihr Zimmerschlüssel.	Voici la clé de la chambre.
Ihr Zimmer ist im ... Stock.	La chambre est à l'étage ...
Wir haben keine Zimmer frei.	Nous n'avons plus de chambre de libre.
Wir haben noch einige freie Zimmer.	Nous avons encore des chambres de libre.
Ich wünsche Ihnen einen guten Aufenthalt.	Je vous souhaite un agréable séjour.
Frühstück gibt es zwischen 8 und 10 Uhr.	Le petit-déjeuner est servi entre 8 heures et 10 heures.
Möchten Sie auschecken?	Voulez-vous régler la note?
Waren Sie zufrieden?	Êtes-vous satisfait?

Probleme

Könnten Sie mir bitte zeigen, wie ... funktioniert?
  der Fernseher
  die Klimaanlage
	Pouvez-vous me montrer comment fonctionne ...?
	  la télévision
	  la climatisation

Die Heizung ...
Das Wasser ...
Die Dusche ...
  ... funktioniert nicht.
	Le chauffage ...
	L'eau ...
	La douche ...
	  ... ne fonctionne pas.

Ich friere nachts.	J'ai froid la nuit.

Ich brauche ...
  noch ein Kissen
  eine dickere Decke
	J'ai besoin d' ...
	  un autre coussin
	  une couverture plus chaude

Probleme

Mein Bett ...	Mon lit ...
ist kaputt	est cassé
ist zu kurz	est trop petit
quietscht	grince
Meine Matratze ist ...	Mon matelas est ...
zu hart	trop dur
zu weich	trop mou
Die Toilette ist verstopft.	Les toilettes sont bouchées.

Wichtige Ausdrücke

Unterkunft	l'hébergement (un)
Doppelbett	le lit double
Doppelstockbett	le lit superposé
Jugendherberge	l'auberge de jeunesse (une)
Campingplatz	le camping
Pension	la pension
Hotel	l'hôtel (un)
Rezeption	la réception
Schlüssel	la clé
alle Zimmer mit Bad	toutes les chambres avec salle de bain
Zimmer frei	chambres libres
alle Zimmer belegt	complet
Tag der Ankunft	la date d'arrivée
Tag der Abreise	la date de départ
Zelt	la tente
Wohnwagen	la caravane

Einkaufen

Verkäufer

Kann ich Ihnen helfen?	Puis-je vous aider?
Was kann ich für Sie tun?	Que puis-je faire pour vous?
Werden Sie schon bedient?	Êtes-vous servi?
Wer ist der/die Nächste?	C'est à qui?
Haben Sie noch einen Wunsch?	Et avec ceci?
Ist das alles?	Ce sera tout?
Wie viel/viele möchten Sie?	Combien en voulez-vous?
Welche Größe brauchen Sie?	Quelle est votre taille?
Welche Schuhgröße haben Sie?	Quelle est votre pointure?
Wäre auch eine andere Farbe okay?	Une autre couleur irait aussi?
Möchten Sie das anprobieren?	Voulez-vous essayer?
Das ist im Angebot.	C'est en promotion.
Kaufen Sie zwei zum Preis von einem.	Achetez-en un pour le prix de deux.
Die Umkleidekabine ist dort drüben.	La cabine d'essayage est de l'autre côté.
Das Kleid steht Ihnen sehr gut.	La robe vous va bien.
Ich kann das bestellen.	Je peux vous le commander.
Ich schau mal im Lager nach.	Je vais voir si on l'a en stock.
Wir haben/verkaufen keine Briefmarken.	Désolé, nous ne vendons pas de timbre.
Wir haben das zurzeit leider nicht mehr.	Désolé, nous n'en avons plus en ce moment .
Diesen Artikel führen wir nicht mehr.	Nous ne vendons plus cet article.
Das ist leider ausverkauft.	Désolé, l'article est épuisé.
Bezahlen Sie bitte an der Kasse.	Payez à la caisse s'il vous plaît.
Ich bringe das für Sie an die Kasse.	Je vous l'apporte à la caisse.
Das kostet (zusammen) 20 Euro.	Cela/Le tout coûte 20 euros.
Sie haben es nicht vielleicht etwas kleiner?	Avez-vous la taille en dessous?
Hier ist Ihr Wechselgeld.	Voici votre monnaie.
Bitte. (*beim Übergeben von Ware/Geld*)	Je vous remercie.
Bitte. (*Antwort auf ‚Danke.'*)	Je vous en prie.

Kunde

Ich hätte gern …	J'aimerais …, s'il vous plaît.
Haben Sie …?	Avez-vous …
Verkaufen Sie …?	Vendez-vous …?
Wo kann ich … kaufen?	Où puis-je acheter …?
Wo bekomme ich …?	Où puis-je avoir …?
Wo finde ich …?	Où puis-je trouver …?
Souvenirs	des souvenirs
Briefmarken	des timbres
einen Film für die Kamera	un film pour mon appareil photo
Batterien für die Kamera	une pile pour mon appareil photo
Ich brauche …	J'ai besoin …
Souvenirs	de souvenirs
Briefmarken	de timbres
einen Film für die Kamera	d'un film pour mon appareil photo
Batterien für die Kamera	d'une pile pour mon appareil photo
Das passt mir nicht. (*falsche Größe*)	Ça ne me va pas.
Das steht mir nicht.	Ça ne me va pas.
Das gefällt mir nicht.	Ça ne me plait pas.
Das ist zu …	C'est trop …
klein/groß	petit/grand
lang/kurz	long/court
weit/eng	large/serré
teuer	cher
Haben Sie das in einer anderen Größe/Farbe?	Avez-vous une autre taille/couleur?
Ich trage Größe …	Je fais du …
Kann ich das anprobieren?	Puis-je essayer?
Wo kann ich das anprobieren?	Où puis-je essayer?
Wie teuer ist das?/ Wie viel kostet es?	Combien ça coûte?
Das ist alles.	Ce sera tout.
Wo ist die Kasse?	Où est la caisse?
Kann ich bitte eine Quittung bekommen?	Puis-je avoir le ticket de caisse, s'il vous plaît?
Kann ich bitte eine Tüte bekommen?	Puis-je avoir un sachet, s'il vous plaît?
Ich habe (leider) kein Kleingeld.	Désolé, je n'ai pas de monnaie.
Kann ich mit Kreditkarte zahlen?	Acceptez-vous la carte (bleue)?

Was man einkaufen kann

Obst und Gemüse

Ananas	l'ananas (un)
Apfel	la pomme
Banane	la banane
Birne	la poire
Erdbeere	la fraise
Gurke	le concombre
Kirsche	la cerise
Orange	l'orange (une)
(grüne, gelbe, rote) Paprika	le poivron
Pfirsich	la pêche
Pflaume	la prune
Salatkopf	la laitue
Tomate	la tomate
Weintrauben	le raisin
Zitrone	le citron

Drogerieartikel

Creme	la crème
Duschbad	le gel douche
Feuerzeug	le briquet
Handtuch	la serviette
Hustenbonbons	les bonbons contre la toux
Hustentropfen	les gouttes contre la toux
Kerzen	les bougies
Kohletabletten	les cachets
Kopfschmerztabletten	cachets contre le mal de tête
Lippenstift	le rouge à lèvres
Nasenspray	le spray pour le nez
Nasentropfen	les gouttes pour le nez
Papiertaschentücher	les mouchoirs en papier

Drogerieartikel

Seife	le savon
Shampoo	le shampooing
Sonnencreme	la crème solaire
Streichhölzer	les allumettes
Tierfutter	la nourriture pour animaux
Toilettenpapier	le papier-toilette
Zahnbürste	la brosse à dents
Zahncreme	le dentifrice

Schreibwaren

Bleistift	le crayon
Briefmarke	le timbre
Briefpapier	le papier à lettre
Briefumschlag	l'enveloppe (une)
Buntstift	le crayon de couleur
Kugelschreiber	le stylo
Lineal	la règle
Postkarte	la carte postale
Radiergummi	la gomme
Spitzer	le taille-crayon
Stift	le stylo
Zeitschrift	le magazine
Zeitung	le journal

Technik

Adapter	l'adaptateur (un)
Akku	la batterie
Batterie	la pile
Blitzlicht	le flash

Technik

Film	le film
Fotoapparat	l'appareil photo (un)
Speicherkarte	la carte mémoire
USB-Stick	la clé USB

Kleidung

Badeanzug	le maillot de bain
Badehose	le slip de bain
BH	le soutien-gorge
Bikini	le bikini
Bluse	le chemisier
Hemd	la chemise
Hose	le pantalon
Jacke	la veste
Jeans	le jean
Kleid	la robe
Pullover	le pull-over
Rock	la jupe
Schuhe	la chaussure/les chaussures
Socken	les chaussettes
Stiefel	les bottes
Strumpfhose	le collant
Sweatshirt	le sweatshirt
T-Shirt	le t-shirt
Weste	le gilet

nützliche Vokabeln

offen	ouvert
geschlossen	fermé
Sommerschlussverkauf	les soldes d'été
Winterschlussverkauf	les soldes d'hiver

Arzt und Apotheke

Beim Arzt

Nehmen Sie bitte im Wartezimmer Platz.	Prenez place dans la salle d'attente.
Was ist los?	Qu'y a-t-il?
Was fehlt lhnen?	Qu'est-ce qui vous manque?

Haben Sie ...?	Avez-vous ...?
Ich habe ...	J'ai ...
Er hat ...	Il a ...
Sie hat ...	Elle a ...
Kopfschmerzen	mal à la tête
Halsschmerzen	mal à la gorge
Bauchschmerzen	mal au ventre
Ohrenschmerzen	mal aux oreilles
eine Erkältung	un refroidissement
Fieber	de la fièvre
eine Magenverstimmung	une indigestion
hier Schmerzen	mal ici

Mir geht's nicht gut.	Je ne me sens pas bien.

Mir ist ...	Je me sens ...
Ihm/Ihr ist ...	Il/Elle se sent ...
übel	mal/malade

Ich habe mir den Fuß verstaucht.	Je me suis foulé la cheville.
Sie hat sich den Arm gebrochen.	Elle s'est cassé le bras.
Ich wurde von einer Schlange gebissen.	J'ai été mordu par un serpent.
Mich hat eine Wespe/Biene gestochen.	J'ai été piqué par une guêpe/une abeille.

Ich brauche ...	J'ai besoin ...
ein Pflaster	d'un sparadrap
Medizin	de médicaments

Gute Besserung.	Bon rétablissement.

Beim Zahnarzt

Ich habe Zahnschmerzen.	J'ai mal aux dents.
Ich habe ein Loch in meinem Zahn.	J'ai une carie.
Ein Stück von meinem Zahn ist abgebrochen.	Un bout de ma dent est cassé.
Ich muss bohren.	Je vais percer un trou dans la dent.
Wir setzen eine Füllung ein.	Je vais mettre un plombage.
Möchten Sie eine Amalgam- oder Kunststofffüllung?	Voulez-vous un plombage en amalgame ou en plastique?
Ich muss den Zahn ziehen.	Je dois arracher la dent.
Nicht ziehen!	Ne l'arrachez pas!
Könnte ich eine Betäubungsspritze kriegen?	Puis-je avoir une anesthésie, s'il vous plaît?

In der Apotheke

Haben Sie ein Mittel gegen ...?	Avez-vous quelque chose contre ...?
Ich möchte gern Tabletten für ...	J'aimerais des médicaments pour ...
Ich brauche Tropfen für ...	J'ai besoin de gouttes pour ...
Ich brauche etwas gegen ...	J'aimerais quelque chose contre ...
Blasen an den Füßen	les ampoules
Heuschnupfen	le rhume des foins
Sonnenbrand	les coups de soleil
Halsschmerzen	les maux de gorge
Kopfschmerzen	les maux de tête
Regelschmerzen	les règles douloureuses
Erkältung	le refroidissement
eine verstopfte Nase	le nez bouché
Lippenherpes	le bouton de fièvre
Fußpilz	la mycose des pieds
Durchfall	la diarrhée
Verstopfung	la constipation
Sodbrennen	les aigreurs d'estomac
Das gibt es nur auf Rezept.	C'est disponible uniquement sur ordonnance.
Sind Sie über mögliche Nebenwirkungen informiert?	Connaissez-vous les effets secondaires?

Einnahme von Medikamenten

Nehmen Sie die Medizin ...	Prenez ce médicament ...
... mal am Tag	... fois par jour
... Tage lang	pendant ... jours
vor dem Essen	avant le repas
nach dem Essen	après le repas

Allergien

Haben Sie Allergien oder Unverträglichkeiten?	Avez-vous des allergies ou des intolérances?
Könnte es eine allergische Reaktion sein?	Est-ce que ça pourrait être une réaction allergique?
Ich würde Ihnen einen Allergietest empfehlen.	Je vous recommande un test d'allergie.
Reagieren Sie allergisch auf ...?	Avez-vous une allergie ...?
Ich reagiere allergisch auf ...	Je suis allergique ...
Ich bin allergisch gegen ...	Il/Elle est allergique ...
Er/Sie ist allergisch gegen ...	
Pollen	au pollen
Hausstaub	à la poussière
Katzen	aux chats
bestimmte Lebensmittel	à certains aliments
bestimmte Medizin	à certains médicaments
Dagegen bin ich allergisch.	Je suis allergique à ça.
Ich reagiere auf fast alles allergisch.	Je suis allergique à presque tout.

Körperteile, Organe und Krankheiten

Körperteile

Arm	le bras
Auge	l'œil (un)/les yeux
Bauch	le ventre
Bein	la jambe
Brust	la poitrine
Daumen	le pouce
Ellenbogen	le coude
Faust	le poing
Finger	le doigt
Fuß	le pied
Fußgelenk	la cheville
Gesäß	le derrière
Haare	les cheveux
Hals	le cou
Hand	la main
Handgelenk	le poignet
Hüfte	la hanche
Kinn	le menton
Knie	le genou
Kopf	la tête
Lippe	la lèvre
Mund	la bouche
Nase	le nez
Nasenloch	la narine
Oberarm	le haut du bras
Oberschenkel	la cuisse
Ohr	l'oreille (une)
Po	les fesses

Körperteile

Rücken	le dos
Schläfe	la tempe
Schulter	l'épaule (une)
Stirn	le front
Taille	la taille
Unterarm	l'avant-bras (un)
Unterschenkel	le bas de la jambe
Wade	le mollet
Wange	la joue

Zahn
  Schneidezahn
  Eckzahn
  Backenzahn
  Weisheitszahn
	la dent
	  une incisive
	  une canine
	  une molaire
	  une dent de sagesse

Zeh	l'orteil (un)
Zunge	la langue

Organe

Becken	le bassin/le pelvis
Blase	la vessie
Blinddarm	l'appendice (un)
Brustkorb	la cage thoracique
Darm	l'intestin (un)
Gebärmutter	l'uterus (un)
Gehirn	le cerveau
Gelenk	l'articulation (une)
Herz	le cœur
Knochen	l'os (un)
Leber	le foie
Lunge	le poumon
Magen	l'estomac (un)
Milz	la rate

Organe

Muskel	le muscle
Niere	le rein
Rippe	la côte
Schädel	le crâne
Schlüsselbein	la clavicule
Unterleib	le bas-ventre
Wirbelsäule	la colonne vertébrale

Krankheiten

Angina	l'angine (une)
Allergie	l'allergie (une)
Ausschlag	l'éruption cutanée (une)
Erkältung, Schnupfen	le refroidissement
Grippe	la grippe
Magen-Darm-Grippe	la gastroentérite
Lebensmittelvergiftung	l'intoxication alimentaire (une)
Alkoholvergiftung	l'intoxication éthylique (une)
Blutvergiftung	l'empoisonnement du sang (un)
Blasenentzündung	la cystite
Nierenentzündung	la néphrite
gebrochenes Bein	la jambe cassée
gebrochener Arm	le bras cassé
Gehirnerschütterung	la commotion cérébrale
Hirnhautentzündung	la méningite
Asthma	l'asthme
Asthma-Anfall	la crise d'asthme
Windpocken	la varicelle
Masern	la rougeole
Ziegenpeter, Mumps	les oreillons
Herzinfarkt	la crise cardiaque

Beim Friseur

Termin vereinbaren

Ich hätte gern einen Termin.	J'aimerais prendre (un) rendez-vous.
Brauche ich einen Termin?	Ai-je besoin d'un rendez-vous?
Kann ich gleich dableiben?	Puis-je passer tout de suite?
Wann ist der nächstmögliche Termin?	Quand puis-je rapidement prendre (un) rendez-vous?
Wäre Ihnen ... recht?	Ça vous irait ... ?
Könnten Sie in einer Stunde wiederkommen?	Pouvez-vous revenir dans une heure?

Frisuren

Bob	le bob
Stufenschnitt	le dégradé
Kurzhaarschnitt	la coupe courte
Dreadlocks, Rastalocken	les dread(locks)
Hochfrisur	les cheveux relevés
Föhnfrisur	le brushing
Igelschnitt	les cheveux en brosse
Haarknoten	le chignon

Frisur

Wie hätten Sie's gern?	Qu'est-ce que vous aimeriez?
Wie soll ich Ihnen die Haare schneiden?	Comment dois-je vous couper les cheveux?
Ich hätte gern eine Frisur wie diese/ auf diesem Bild.	J'aimerais cette coupe (de cheveux).

Glauben Sie, dass diese ... mir stehen würde?
    Frisur
    Farbe
	Pensez-vous que cette ... me va bien?
	    coupe (de cheveux)
	    couleur

Ich hätte gern ...
    die Spitzen geschnitten
    einen Bob
    etwas anderes
    eine moderne Frisur
    blonde Strähnchen
	J'aimerais ...
	    couper les pointes
	    un bob
	    quelque chose d'autre
	    une coupe moderne
	    des mèches blondes

Könnten Sie mir die Haare ...?
    färben
    tönen
    glätten
	Pouvez-vous me ... les cheveux?
	    teindre
	    colorer/faire une couleur
	    lisser

Könnten Sie mir die Haare eindrehen?	Pouvez-vous me boucler les cheveux?
Welche Farbe hätten Sie gern?	Quelle couleur voulez-vous?
Welche dieser Farben hätten Sie gern?	Laquelle de ces couleurs voulez-vous?
Diese Farbe gefällt mir gut.	Cette couleur me plaît.
Ich habe vollstes Vertrauen in Ihre Fähigkeiten.	J'ai totalement confiance en vos capacités.
Ich hoffe, Sie wissen, was Sie da tun.	J'espère que vous savez ce que vous faites.
Wie kurz soll ich schneiden?	Combien dois-je couper?
Schneiden Sie bitte nicht zu kurz.	Ne coupez pas trop court.
Ich mag (keine) Kurzhaarschnitte.	J'aime/Je n'aime pas les coupes courtes.

Möchten Sie die Haare ...?
    nach vorn
    nach hinten
    zur Seite
	Voulez-vous les cheveux ...?
	    coiffés en avant
	    coiffés en arrière
	    sur le côté

nützliche Vokabeln

Haarschnitt, Frisur	la coupe (de cheveux)
Shampoo	le shampooing
Gel	le gel
Haaraufheller	l'éclaircissant pour cheveux (un)
Strähnchen	la mèche
färben	teindre
tönen	faire une couleur/colorer
Bürste	la brosse
Kamm	le peigne
Föhn	le sèche-cheveux
Friseur	le coiffeur
glätten	lisser
Glätteisen	le fer à lisser
Schere	les ciseaux
Pflegespülung	l'après-shampooing (un)
Locken	les boucles
glatte Haare	les cheveux lisses
Bart	la barbe
Schnauzbart	la moustache
Lockenwickler	le bigoudi
Haarfestiger	le fixateur
Trockenhaube	le casque
Schuppen	les pellicules
Pony	la frange
Zopf, Pferdeschwanz	la queue de cheval
Perücke	la perruque
rasieren	raser

Wetter

Wie ist das Wetter?

Wie ist das Wetter heute?	Quel temps fait-il aujourd'hui?
Wie wird das Wetter morgen?	Quel temps fera-t-il demain?
Schöner Tag heute.	Il fait beau aujourd'hui.
Was für ein schreckliches Wetter!	Quel temps horrible!
Was für ein herrlicher Tag!	Quelle belle journée!
Es regnet.	Il pleut.
Oje, es regnet.	Oh, il pleut.
Es schneit.	Il neige.

Es ist ...	Il ...
Morgen wird es ...	Demain il ...
Es bleibt ...	Le temps va rester ...
Es wird ...	Il fera ...
Gestern war es ...	Hier il ...
Für diese Jahreszeit ist es ziemlich ...	Pour cette saison le temps est plutôt ...
In dieser Jahreszeit ist es normalerweise ziemlich ...	En cette saison le temps est normalement plutôt ...
sonnig	ensoleillé
wolkig	nuageux
neblig	brumeux
stürmisch	mauvais, déchaîné
windig	venteux
kalt	froid
warm	chaud
heiß	très chaud
trocken	sec
kälter	plus froid
kühler	plus frais
wärmer	plus chaud

Es ist 1 Grad minus.	Il fait moins 1 degré.
Es sind 2 Grad plus.	Il fait 2 degrés.
Für diese Jahreszeit sind die Temperaturen sehr mild.	Pour cette saison les températures sont très douces.
Für diese Jahreszeit regnet es ziemlich viel.	Pour cette saison il pleut beaucoup.

nützliche Vokabeln

Frühling	le printemps
Sommer	l'été (un)
Herbst	l'automne (un)
Winter	l'hiver (un)
Jahreszeit	la saison
Temperatur	la température
gefühlte Temperatur	la température ambiante
Hochdruckgebiet	l'anticyclone
Tiefdruckgebiet	la zone de basse pression
Blitz	l'éclair (un)
Donner	le tonnerre
Gewitter	l'orage (un)
Nebel	le brouillard
Überschwemmung	l'inondation (une)
Hitze	la chaleur
Trockenheit	la sécheresse
Wetterbericht	le bulletin météo(rologique)
Unwetter	la tempête
Frost	le gel
Glatteis	le verglas
Regen	la pluie
Hagel	la grêle
Graupel	le grésil
Schnee	la neige
Wind	le vent
Sturm	la tempête
Orkan	le cyclone
Wolke	le nuage
bedeckt	couvert
bewölkt	nuageux
wechselhaft	instable/changeant

Ausgehen

Sich verabreden

Wann treffen wir uns?	On se rencontre à quelle heure?
Treffen wir uns um 18 Uhr.	Rendez-vous à 18 heures.
Passt es dir um acht?	A 18 heures, ça te va?
Das würde mir gut passen.	Ca me va.
Ist das nicht zu früh?	Est-ce que c'est trop tôt?
Wir treffen uns um zwei hier.	On a rendez-vous ici à 14 heures.
Wir treffen uns halb zwölf vor dem Club.	On a rendez-vous à onze heures et demi devant le club.
Soll ich dich abholen?	Dois-je passer te prendre?
Kannst du mich abholen?	Peux-tu passer me prendre?
Ich hole dich um ... ab.	Je passe te prendre à ...

Tanzen

Lass(t) uns tanzen!	Allons danser!
Möchtest du tanzen?	Veux-tu danser?
Ja, gern.	Oui, avec plaisir.
Ich bin zu müde.	Je suis trop fatigué(e).
Ich mag das Lied nicht.	Je n'aime pas cette chanson.
Wollen wir noch mal tanzen?	Veux-tu encore danser?
Danke, aber ich möchte ... mich ausruhen zu meinen Freunden jetzt gehen	Merci, mais j'aimerais ... me reposer un peu rejoindre mes amis partir
Du tanzt toll.	Tu danses vraiment bien.

Musik

Deutsch	Français

Gefällt dir ...?
  das Lied
  die Musik
	Est-ce que cette ... te plaît?
	  chanson
	  musique

Ja.	Oui.
Total.	Vraiment.
Ich liebe dieses Lied!	J'adore cette chanson!
Das ist mein Lieblingslied.	C'est ma chanson préférée.

Nicht so. Ich mag lieber ...
  Popmusik
  Rockmusik
  klassische Musik
  Jazz
	Non. Je préfère ...
	  la musique pop
	  le rock
	  la musique classique
	  le jazz

Der DJ ist ...
Die Band ist ...
Die Musik ist ...
  toll
  okay
  schrecklich
	Le DJ est...
	Le groupe est ...
	La musique est ...
	  génial(e)
	  O.K.
	  horrible

Die Musik ist sehr laut.	La musique est très forte.
Man kann nichts verstehen.	On ne comprend rien.

Theater, Konzert

Welches Stück ...	Quelle pièce ...
Welches Musical ...	Quelle comédie musicale ...
... würdest du dir gern ansehen?	... veux-tu aller voir?
Würdest du gern ...gehen?	Veux-tu aller voir ...?
in die Oper	un opéra
ins Konzert	un concert
zum Ballett	un ballet
Ich möchte bitte zwei Karten für ... vorbestellen.	J'aimerais réserver deux billets pour ..., s'il vous plaît.
Ich hätte gern einen Platz im Parkett.	J'aimerais une place dans l'orchestre.
Es gibt noch Karten.	Il reste encore des cartes.
Es gibt keine Karten mehr.	Il ne reste plus de cartes.
Die Vorstellung beginnt 20 Uhr.	La représentation commence à 20 heures.

nützliche Vokabeln

Parkett	l'orchestre (un)
erster Rang	le premier balcon
zweiter Rang	le deuxième balcon
Loge	la loge
Abendvorstellung	la représentation du soir
Frühvorstellung	la matinée
Schauspieler/ Schauspielerin	le comédien/la comédienne
Sänger	le chanteur/la chanteuse
Theaterkasse	la caisse (du théâtre)
Publikum	le public
Applaus	les applaudissements
applaudieren	applaudir
Platzanweiser/ Platzanweiserin	l'ouvreur/ l'ouvreuse

Flirten

Die Lage checken

Schau mal!	Regarde!
Ist er/sie nicht süß?	N'est-il pas mignon?/ N'est-elle pas mignonne?
Ich bin verrückt nach ihm/ihr.	Je suis fou/folle de lui/d'elle.

Ich finde ihn/sie ...
  gut
  blöd
  toll
  umwerfend
  sympatisch
	Je le/la trouve ...
	  joli(e)
	  bête
	  génial(e)
	  renversant(e)
	  sympatique

Meinst du, er/sie mag mich?	Crois-tu qu'il/elle m'aime bien?
Ich habe mein Bestes getan.	J'ai fait de mon mieux.
Er/Sie hat mich nicht mal bemerkt.	Il/Elle ne m'a même pas emarqué(e).

Verabredungen

Möchtest du ...?
  mit mir tanzen
  mit mir am Strand spazieren gehen
  die Nacht mit mir verbringen
  mich heiraten
	Voudrais-tu ...?
	  danser avec moi
	  aller te promener sur la plage avec moi
	  passer la nuit avec moi
	  m'épouser

Darf ich ...?
  dich zum Abendessen einladen
  dir einen Drink spendieren
  dich küssen
	Puis-je ...?
	  t'inviter à dîner
	  t'offrir un verre
	  t'embrasser

Wörter und Wendungen

Schwarm	le béguin
heißer Typ, Schmacko	le beau gosse, le beau mec
Süße, Schnitte, Babe	la jolie fille, le canon, la chérie
die Liebe wahre Liebe	l'amour le grand amour

Wörter und Wendungen

lieben	aimer
Ich liebe dich.	Je t'aime.
mögen	bien aimer
Ich mag dich.	Je t'aime bien.
jemanden anquatschen	aborder quelqu'un
jemanden anmachen	draguer quelqu'un
Anmachspruch	la drague
Liebesschwur	la promesse d'amour
Liebesbeweis	la preuve d'amour

Liebesschwüre

Du bist wunderschön.	Tu es ravissante.
Du bist einfach umwerfend.	Tu es renversante.
Ich hab Schmetterlinge im Bauch.	J'ai des papillons dans l'estomac.
Ich bin total verknallt.	J'en pince pour quelqu'un.
Ich glaub, wir sind für einander geschaffen.	Je crois que nous sommes faits l'un pour l'autre.
Babe, du bist meine absolute Nummer eins.	Ma chérie, tu es ma numéro un.
Ich steh total auf dich.	J'ai le béguin pour toi.
Ich bin rattenscharf auf dich.	Je te trouve très sexy.
Ich kann deinem Charme nicht widerstehen.	Je ne peux résister à tes charmes.
Ich bin verrückt nach dir.	Je suis fou/folle de toi.
Ich hab mich total in dich verknallt.	J'en pince vraiment pour toi.
Du hast mir mein Herz geraubt.	Mon cœur est entre tes mains.
Du bist der Traum meiner schlaflosen Nächte.	Tu es le soleil de mes nuits.
Du hast mich verzaubert.	Tu m'as ensorcelé(e).
Ich werde dich für immer und ewig lieben.	Je t'aimerai toujours.
Ich kann dich nicht vergessen.	Je n'arrive pas à t'oublier.
Ich denke Tag und Nacht an dich.	Je pense à toi jour et nuit.
Du bist unglaublich.	Tu es incroyable.
Du raubst mir den Atem.	Tu es à couper le souffle.
Du bist unwiderstehlich.	Tu es irrésistible.

Grundzahlen

1	un	21	vingt et un
2	deux	22	vingt-deux
3	trois	23	vingt-trois
4	quatre	24	vingt-quatre
5	cinq	25	vingt-cinq
6	six	26	vingt-six
7	sept	27	vingt-sept
8	huit	28	vingt-huit
9	neuf	29	vingt-neuf
10	dix	30	trente
11	onze	31	trente et un
12	douze	40	quarante
13	treize	50	cinquante
14	quatorze	60	soixante
15	quinze	70	soixante-dix
16	seize	80	quatre-vingt
17	dix-sept	90	quatre-vingt-dix
18	dix-huit	100	cent
19	dix-neuf	1.000	mille
20	vingt	1.000.000	un million

Zehner

Wenn die Eins nach einem Zehner steht, wird in den meisten Fällen *et* eingefügt:

21 – vingt-et-un
31 – trente-et-un
31 – cent trente-et-un

Ausnahmen sind die Zahlen 81, 91 und wenn die Eins direkt nach einem Hunderter steht.

81 – quatre-vingt-un
91 – quatre-vingt-onze
101 – cent un
601 – six cent un

Beachte die schwierigen Zahlen:

71 – soixante-et-onze
72 – soixante douze
73 – soixante treize
74 – soixante quatorze
75 – soixante quinze
76 – soixante seize
77 – soixante dix-sept
78 – soixante dix-huit
79 – soixante dix-neuf
99 – quatre-vingt-dix-neuf

Hunderter

Für die Zahlen 200, 300, ..., 900 wird an *cent* das Plural-s angehängt. Dies geschieht aber nicht, wenn nach dem Hunderter weitere Zahlen folgen.

100 – cent
300 – trois cents
304 – trois cent quatre

Tausender und Millionen

Mille ist unveränderlich:

3000 – trois mille

Million wird auch in der Mehrzahl verwendet:

1 000 000 – un million
2 000 000 – deux millions

Ordnungszahlen

1er	premier	21ème	vingt et unième
2ème	deuxième	22ème	vingt-deuxième
3ème	troisième	23ème	vingt-troisième
4ème	quatrième	24ème	vingt-quatrième
5ème	cinquième	25ème	vingt-cinquième
6ème	sixième	26ème	vingt-sixième
7ème	septième	27ème	vingt-septième
8ème	huitième	28ème	vingt-huitième
9ème	neuvième	29ème	vingt-neuvième
10ème	dixième	30ème	trentième
11ème	onzième	31ème	trente et unième
12ème	douxième	40ème	quarantième
13ème	treizième	50ème	cinquantième
14ème	quatorzième	60ème	soixantième
15ème	quinzième	70ème	soixante-dixième
16ème	seizième	80ème	quatre-vingtième
17ème	dix-septième	90ème	quatre-vingt-dixième
18ème	dix-huitième	100ème	centième
19ème	dix-neuvième	1000ème	millième
20ème	vingtième	1000000è	millionème

Ausschreiben der Zahlen

An die Grundzahl wird *-ième* angehängt:
  deux - deuxième
  huit - huitième

Bei Grundzahlen, die auf *-e* enden, entfällt das *-e*:
  quatre – quatrième
  seize – seizième

Die Ordnungszahl von *un* ist unregelmäßig:
  un - premier

Titel

Bei Titeln steht die Ordnungszahl als römische Ziffer.

Nur bei „erste(r)" wird die Zahl als Ordnungszahl verwendet, ansonsten verwendet man die Grundzahlen.

  Napoléon I – Napoléon Premier
  Charles II – Charles Deux
  Ludwig XIV – Louis Quatorze
  Henry VIII – Henri Huit

Datum

Nur der erste Tag im Monat wird als Ordnungszahl verwendet. Für alle anderen Tage verwendet man die Grundzahlen.
(siehe Rubrik Datum)

Beachte: Im Französischen werden Ordnungszahlen nicht wie im Deutschen mit einem Punkt geschrieben.

Die Ordnungszahlen werden verwendet, um eine Reihenfolge auszudrücken:
  Il est arrivé le deuxième. (*Er ist als Zweiter angekommen.*)

Uhrzeit

6:00	six heures
6:05	six heures cinq
6:10	six heures dix
6:15	six heures quinze/six heures et quart
6:20	six heures vingt
6:25	six heures vingt-cinq
6:30	six heures trente/six heures et demi
6:31	six heures trente et un
6:35	six heures trente-cinq/sept heures moins vingt-cinq
6:40	six heures quarante/sept heures moins vingt
6:45	six heures quarante-cinq/sept heures moins le quart
6:55	six heures cinquante-cinq/sept heures moins cinq

Die Uhrzeit gibt man in der Regel folgendermaßen an:
vorherige Stunde plus Minuten
   9:43 – neuf heures quarante trois

Für die Minuten *35, 40, 45, 50* und *55* kann die Uhrzeit auch so angegeben werden: *folgende Stunde minus Minuten*
   9:50 – dix heures moins dix

Bei Angaben mit *ein Uhr* wird *heure* im Singular verwendet (sonst Plural)
   1:20 – une heure vingt
   13:20 – treize heures vingt

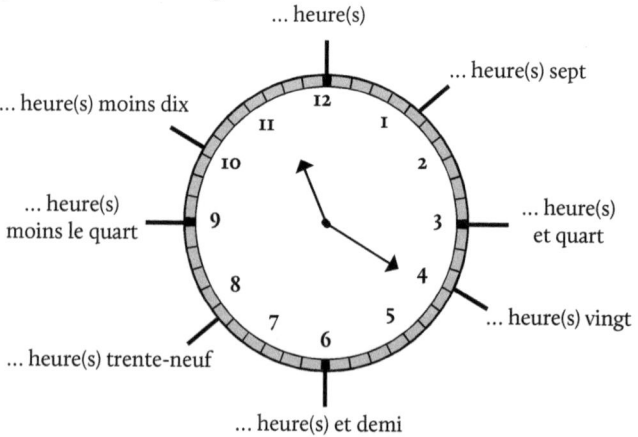

Datum

Monate		Wochentage	
Januar	janvier	Montag	lundi
Februar	février	Dienstag	mardi
März	mars	Mittwoch	mercredi
April	avril	Donnerstag	jeudi
Mai	mai	Freitag	vendredi
Juni	juin	Samstag	samedi
Juli	juillet	Sonntag	dimanche
August	août	Wochenende	le week-end
September	septembre	Wochentag	le jour de la semaine
Oktober	octobre	Arbeitstag	la journée de travail
November	novembre	Feiertag	le jour férié
Dezember	décembre	Datum	la date

Datumsangabe

Um das komplette Datum anzugeben, wird vor dem Tag die Präposition *le* eingefügt.
   On est le 1er janvier 2000. / On est le 25 juin 2009.

Den Tag kann man auch mit Wochentag schreiben.
   Vendredi, le 5 octobre 2004.

Monatsnamen werden mit *en* oder *au mois de* angegeben.
   On est en octobre 2009. On est au mois de novembre 2009.

Jahresangaben werden immer mit der Präposition *en* verwendet.
   On est en 2009.

Es gibt zwei Möglichkeiten, die Jahreszahl auszusprechen:
   1990 = mille neuf cent quatre-vingt-dix/
              dix-neuf cent quatre-vingt-dix

Vokabeln zu Uhrzeit und Datum

nützliche Vokabeln mit Zeitangaben

eben, vorhin	à peine
jetzt	maintenant
gleich	tout de suite
bald	bientôt
später	plus tard
früher oder später	tôt ou tard
nie	jamais
immer	toujours
in zehn Minuten	dans dix minutes
in einer Viertelstunde	dans un quart d'heure
in drei Viertelstunden	dans trois quarts d'heure
in einer halben Stunde	dans une demi-heure
in einer Stunde	dans une heure
in zwei Stunden	dans deux heures
vor zwei Stunden	il y a deux heures
nach drei Stunden	après trois heures
12 Uhr mittags	midi
Mitternacht	minuit
heute	aujourd'hui
morgen	demain
übermorgen	après-demain
gestern	hier
vorgestern	avant-hier
neulich	il y a peu (de temps)
diese Woche	cette semaine
nächste Woche	la semaine prochaine
in einer Woche	dans une semaine
vor einer Woche	il y a une semaine
nächsten Monat	le mois prochain
in einem Monat	dans un mois
letzten Monat	le mois dernier
vor einem Jahr	il y a un an
vor langer Zeit	il y a longtemps

Feiertage

Neujahr	le nouvel an
Dreikönigsfest	l'Epiphanie
Valentinstag	la Saint Valentin
Ostern	Pâques
Christi Himmelfahrt	l'Ascension
Pfingsten	la Pentecôte
Muttertag	la fête des Mères
Vatertag	la fête des Pères
Allerheiligen	la Toussaint
Volkstrauertag	Jour de deuil national
Weihnachten	Noël
Heiligabend	le réveillon
Silvester	la Saint Silvestre
Nationalfeiertag	la fête nationale
Unabhängigkeitstag	le jour de l'Indépendance
Freiheitstag	le jour de la liberté
Tag der Wiedervereinigung	Jour de la réunification
Tag der Deutschen Einheit	Jour de l'Unité allemande
Tag der Schlacht von ...	Jour de la bataille de ...

Feiertage in französischsprachigen Ländern

8 mai Victoire 1945/Fête de la Victoire	Tag des Sieges (2. Weltkrieg)
Abolition de l'esclavage	Abschaffung der Sklaverei (je nach Land unterschiedliches Datum)
14 juillet Fête Nationale de la France	Französischer Nationalfeiertag
11 novembre Armistice 1918	Gedenktag für die Opfer des 1. Weltkrieges

Eigene Vokabeln

....

....

....

....

....

....

....

....

....

....

....

....

....

....

....

....